T0149676

VALORES
JUVENILES

VALORES JUVENILES

Joven descansa de tu tarea.

SEGUNDA EDICIÓN

MIGUEL ÁNGEL VALDEZ

Número de Control de la Biblioteca del Congreso de EE. UU.:   2018908641
ISBN: Tapa Blanda   978-1-5065-2604-1
                       Libro Electrónico   978-1-5065-2603-4

Información de la imprenta disponible en la última página.

Fecha de revisión: 26/09/2018

Para realizar pedidos de este libro, contacte con:
Palibrio
1663 Liberty Drive
Suite 200
Bloomington, IN 47403
Gratis desde EE. UU. al 877.407.5847
Gratis desde México al 01.800.288.2243
Gratis desde España al 900.866.949
Desde otro país al +1.812.671.9757
Fax: 01.812.355.1576
ventas@palibrio.com
782719

ÍNDICE

INTRODUCCIÓN

Estimado joven, a través de estas páginas encontrarás enseñanzas sustentadas en valores que te guiarán hacia un crecimiento interior, y prosperidad futura en todos los ámbitos de tu vida.

Podrás conocerte y saber lo que puedes ser capaz de lograr. Por ello haz de este libro un compañero.

Quien no descubre su esencia exitosa, su verdadero ser, culpará a su suerte o a quién le rodea. Pero es ahí donde te acompañaré a través de las páginas de este libro, para brindarte los elementos que te permitan conocerte desde tu interior. No olvides que un ser exitoso, se levanta ante la adversidad, tomándola como punto de partida hacia la meta deseada.

¡Nunca es tarde para cambiar!

CAPITULO I

A MI ENCUENTRO

Todos somos capaces de triunfar, el lograrlo o no, dependerá de la brújula mental creada por la programación recibida y la disposición de modificar patrones adquiridos.

Nunca olvides que la vida es una oportunidad de aprender, de mejorar, alcanzar tus metas y sueños a pesar de todo.

Un camino que en la medida que te conozcas, reconozcas y valores, te llevará a la prosperidad y el éxito sin duda.

¡Vivamos juntos esta experiencia!

TEMA 1

DESCUBRIÉNDOME

La vida en general tiene una serie de altibajos. Cada paso hacia adelante y prueba superada, nos permitirán obtener mejores logros. Toda prueba no es un límite, aparece con el propósito de aprender de ella y probar nuestra fortaleza para superar todos los obstáculos que encontraremos en el camino.

Nadie conocerá su capacidad si no se pone metas y lucha por lo que desea, aún cuando todo parezca imposible y las condiciones a su alrededor sean adversas.

Los momentos más difíciles son los que ponen en juego tu fortaleza interna. Una vez vencido el primer obstáculo o reto, podremos seguir avanzando con mayor confianza en nosotros, esto será entonces un motor para seguir avanzando en la vida.

El poder de la mente es tan grande, que según como la utilices, puede ser un arma de doble filo que funciona a tu favor o en contra.

Si tus pensamientos son positivos junto con tus acciones, tendrás mayor oportunidad de lograr el éxito junto con un crecimiento personal. Si todo lo miras negativamente, tus pensamientos serán el obstáculo a derribar porque no permitirán que avances, de ahí la necesidad de una preparación interior. "Pedid y se os dará; buscad y hallaréis; llamad y se os abrirá. Porque todo el que pide recibe; el que busca halla; y al que llama, se le abrirá". **Mateo 7:7-8**. Atraemos lo que solicitamos.

Al nacer nuestra, memoria se asemeja a una computadora nueva, lista para archivar información, que se va registrando mediante nuestras experiencias y las relaciones que entablamos con quienes están a nuestro alrededor, en primera instancia los padres, familiares y posteriormente, amigos, compañeros escolares, laborales, etc. Por tanto, cada nivel de desarrollo interior se reflejará en nuestro pensar, sentir, hablar y actuar.

Hacer del análisis personal, así como de la lectura de textos de superación personal un hábito, te llevarán a conocer tu verdadera esencia para tomar la dirección de tu vida.

El crecimiento interior se asemeja a comparar una foto tuya de pequeño a otra en la actualidad, pasado el tiempo, no eres el mismo.

En el primer volumen de este libro te mencioné tres niveles en el ser humano que influyen en su vida, dos de pobreza: **SUBESTIMA, SOBREESTIMA** y uno de prosperidad: **AUTOESTIMA**.

Recordémoslos brevemente:

Los individuos con subestima se muestran inseguros, se les dificulta expresar sus sentimientos, al no conocerse no se valoran. Este sentimiento no les permite avanzar prósperamente, tienen poca confianza en sí mismos. Sus acciones y decisiones son erráticas, pueden estar incluso siendo violentados psicológica y físicamente. No se consideran merecedores o se muestran dudosos del afecto o reconocimiento de los demás. Un ejemplo de ello, son aquellos que experimentan celos. Su inseguridad no solos los daña, también a los demás. Por eso confía en ti y así creerás en la grandeza que tienes.

En el caso de la sobreestima la persona busca hacerse notar constantemente, piensa que siempre tiene la razón, desea que el mundo gire a su alrededor, exigen ser reconocidos constantemente. Son críticos señalando con el dedo a los demás sin ver sus defectos, vengativos, altaneros incluso hasta vulgares, con actitud soberbia, poco tolerantes, que generalmente lastiman a quienes tienen a su alrededor. Muestran por tanto una imagen de pobreza interior.

La sobreestima es uno de los males de la personalidad más avasallantes, convivir con personas de este tipo no resulta nada fácil.

Si tu conducta es similar a las anteriores, lo más probable es que te enfrentaras a muchos fracasos. De tal forma que tu evolución producto de un análisis de tu ser, te llevará a conocer al ganador que llevas dentro. Prepárate, educa tu interior.

La autoestima por su parte, es el valor que das a tu persona, la aceptación de lo que eres, acompañada de la motivación y fuerza para enfrentar las adversidades.

Al nacer, estamos a cargo de personas que tienen la responsabilidad de ayudarnos a ir construyendo los cimientos que nos permitan a futuro, hacernos cargo de nuestra persona. Lo ideal sería que toda persona en ese proceso pudiera valorarse y aceptarse a nivel físico, mental y espiritual.

La importancia radica que, durante ese trayecto, se va conformando la personalidad de cada uno, determinado también por las experiencias personales, el lugar donde se vive, la situación económica, etc.

Las dificultades se presentan si desde la niñez la guía, el ambiente emocional, afectivo, social no son los adecuados.

Los psicólogos consideran que los pacientes con autoestima presentan un mejor estado de salud física, emocional y en sus relaciones sociales.

Presentan menos agresión, depresión, manejan mejor el estrés sin tantas afectaciones a su salud.

TEMA 2

PEREZA FÍSICA Y MENTAL

Si estás en el colegio y tienes un bajo rendimiento escolar, poco comprometido en tus estudios o en otras áreas de tu vida. ¿Te has preguntado por qué?

La respuesta es que no has descubierto que existen dos clases de perezas en el ser humano: la física y la mental.

Pereza física

La pereza física es manifiesta cuando se está siempre cansado, apático, se observa más durante la adolescencia y el período escolar, para apoyar por ejemplo en las labores del hogar. Son conformistas. Sin embargo, es importante identificar si es falta de interés o períodos de depresión, problemas de salud, etc.

Pereza mental

Cuando era estudiante algunas cosas se me dificultaron como a todos. No podía encontrar el interés por la lectura de los libros determinados mensualmente.

Me encontraba en una búsqueda interna que me desestabilizaba, pues no estaba conforme con lo que era hasta ese momento, aunque siempre con la meta de ser alguien en la vida.

Y precisamente uno de esos libros de título "DESPERTANDO AL GIGANTE INTERIOR" del gran escritor ANTHONY ROBBINS de 700 páginas, menciono el número de páginas porque se convirtió en un reto para mi mente.

Debía leerlo de principio a fin, he de comentarles que no fue nada fácil, pero en la medida en que fui introduciéndome en su contenido, me di cuenta que en él estaba impresa la información y sabiduría de 700 libros leídos por ese escritor. Cuando estaba a punto de terminarlo, deseaba que tuviera más páginas. Sin darme cuenta mi mente abrió las puertas a mi gigante interior, dando bienvenida a mi verdadero ser.

La pereza mental, impide a la persona tanto desarrollarse, como descubrir sus capacidades dificultando su tránsito en su periodo escolar. Combatirla requiere de una disciplina interior, de un despertar, que de no lograrse llevará al fracaso.

Ahora que lo sabes, estás a tiempo de cambiar, por tanto, todo tú alrededor lo hará también. Entonces esfuérzate por encontrarte.

Una de las búsquedas más difíciles precisamente, es encontrarnos. El destino de cada uno nos lleva a buscar la senda correcta, que se divide en dos: El del fracaso, que es ancho y el del éxito, que es estrecho por el cual no todos pueden pasar, pues se requiere de trabajar a brazo partido.

La corriente no para, por eso se deben tomar decisiones, no puedes vivir equivocado sin realizar cambios diciendo: - "Así soy y no voy a cambiar"-, pues la misma vida se encargará de mandarte las pruebas necesarias para que aprendas. Serán tan fuertes como tú lo quieras. No se puede ir por la vida ignorando lo anterior, de lo contrario el éxito no llegará.

TEMA 3

ÉXITO O AMBICIÓN

Debes evitar confundir la prosperidad o el éxito con la ambición. Cada conquista positiva, no busca dañarte o a los que te rodean. La codicia, por el contrario, te enfoca a lo meramente material, llevándote a un bienestar mal entendido que te lleva a obtener ganancias mal habidas o pisar a otros para lograr tus fines ¡Cuidado!

Hablar sobre la posesión nos remite necesariamente al dinero, pero ¿Por qué unos lo poseen y otros no?

El dinero es como la corriente de agua que busca donde seguir su cauce, y si esa persona conoce las leyes establecidas y las respeta, entonces el dinero encontrará la ruta. De lo contrario se escapará de las manos o tomará otra dirección.

Ser prospero económicamente implica entonces, la sabiduría de saber usarlo con una base de valores. La fortuna en las manos, muestra la verdad de quien eres.

Un proverbio muy conocido nos dice que la felicidad completa es tener salud, dinero y amor. Yo agregaría que sin dejar de lado los valores.

De qué te sirve la fortuna, si es resultado de pasar encima de alguien.

Para que la prosperidad permanezca en la persona, las leyes fueron establecidas en la humanidad desde el inicio de la creación. Implacables como la gravedad de la tierra.

En las relaciones interpersonales, lo que envíes con la misma fuerza se te devolverá, y todo aquello que siembres será cosechado. Lo que ves en los demás, es un reflejo de ti. Y con la vara que midas, serás medido.

Educar nuestro interior traerá un buen resultado en el futuro. Resulta como cuando alguien toma una fotografía, para capturar un momento que podrá revivirlo después. Justamente este es el propósito, que captures este mensaje en tu mente como clave a una prosperidad futura.

Se sencillo, humilde, para que este mensaje que se te brinda ahora, lo recuerdes a futuro, siendo una persona prospera y con una gran calidad humana.

TEMA 4

ACCIÓN Y REACCIÓN

Como lo he venido mencionando, un cambio interior positivo requiere de un trabajo personal, que nos traerá una mejora en la calidad de vida en todas las áreas e irá construyendo un camino hacia la plenitud. Pero nunca sucederá si no estamos conscientes de nuestras capacidades.

Imprime una actitud positiva en tu mente a pesar de las adversidades, si piensas que puedes lograr todo, eso te dará la fuerza para enfrentar los retos que se te presenten, pero ¡cuidado! Si no te sientes capaz, tu mente te bloqueará, provocando que aquello que deseas o sueñas, comience a alejarse de tu ruta.

Conforme vayas alcanzando tus metas, tu ser interior irá creciendo hasta convertirse en ese gigante que te llevará al éxito. Los logros serán el motor que te impulse a continuar. Proceso que requiere disciplina, trabajo arduo, implica también visualizarte a futuro y detectar tus áreas de oportunidad para mejorarlas.

Permíteme explicarte como desarrollarlo con mayor rapidez. Existen dos fuerzas mentales: La ACCIÓN y REACCIÓN. Todo lo que realices ha sido ordenado por tu mente, que provoca una reacción positiva o negativa, entonces es ahí donde debes reflexionar sobre tus actos y sus consecuencias para ti o los demás.

Un pensamiento negativo puede desencadenar reacciones no favorables para tu crecimiento, te puede hacer dudar, perder seguridad, formar hábitos que te lleven al fracaso. Todos estos elementos de pobreza pueden unirse en tu mente creando un muro que te haga sentir impotencia, por no poder derribarlo. ¡Mantente alerta! Porque estos momentos de desesperanza, han llevado a muchos a tomar resoluciones extremas contra su vida.

Pensar en el suicidio o evadir tu realidad consumiendo sustancias nocivas, solo complicará más tu situación, recuerda que todo tiene solución, por más difícil que sea lo que estés pasando.

Y cuando deseas algo positivo con toda tu fuerza, la acción será poner todo tu empeño en ello para alcanzarlo. Ese amor te impulsará a lograrlo.

En algunos momentos, la vida te enfrenta a tomar decisiones en un instante. Es como si alguien despertara drásticamente a tu gigante interior que está dormido, para que conozcas tu verdadera capacidad.

Supongamos que eres reservado, inseguro, pero si algún ser querido estuviese en peligro ¿Lo salvarías? Claro que estas situaciones son extremas, pero finalmente te hacen reaccionar y buscar formas de resolverlas. Eso se te convierte en una persona capaz de tomar decisiones y darte cuenta de la fortaleza de la que estás hecho.

No esperes la gran oportunidad, ¡búscala! Y cuando eso suceda ¡tómala!, será el principio del éxito, el avance a otro nivel.

TEMA 5

LOS VALORES Y LA TOMA DE DECISIONES

Tomar decisiones es un regalo que te fortalecerá en tu camino, siempre y cuando estén sustentadas en valores positivos, un análisis o en casos extremos de una cabeza fría.

Los jóvenes en estos tiempos modernos están bombardeados por una serie de anti valores que los diferentes medios de comunicación pretenden presentar como adecuados por ejemplo: la rebeldía, irresponsabilidad, oportunismo, egocentrismo, control, falta de respeto entre otras, todo carente de normas sociales y valores.

Recapitulando, los jóvenes son muy propensos a ser influenciados, durante el proceso de conformar su personalidad. Lamentablemente guiarse con esos patrones, les hará cometer errores.

De modo que los valores siempre constituirán herramientas básicas para una formación digna, que te llevarán por el sendero del éxito. Pero adoptarlos será una decisión personal.

AMOR

Suele denominarse amor al sentimiento o afecto que implica fraternidad entre dos o más personas provocando una conexión social y emocional. Quien tenga la capacidad de cultivarlo le será devuelto. Puede brindarse a los padres, amigos, conyugues, etc.

El amor es como un juego de pimpón, donde se da y se recibe afecto, respeto, solidaridad, fidelidad. De los tipos de amor uno de los más importantes es a uno mismo, no de forma soberbia, sino que nos lleve a valorarnos, ese motor interno que nos encamina al éxito, a la prosperidad. Aquel que llegado su momento también será pilar del matrimonio.

Amar es un acto constante.

AGRADECIMIENTO

Es un sentimiento que surge cuando se estima algún favor o beneficio recibido por parte de alguien. Cuando sentimos gratitud tenemos la necesidad de corresponder de algún modo a ese favor o ayuda recibida. Podemos expresarla hablando, con muestras de afecto, por escrito o llegado el caso devolviendo la misma atención cuando se presente la oportunidad.

Ser agradecido desde nuestro ser, es valorar que cada día podemos abrir los ojos, que estamos vivos. Que se tiene la oportunidad para mejorar, para vivir, compartir.

Enfócate en lo que tienes y no en lo que te falta, ésta es la clave de la gratitud. Y no solo serás más feliz, sino que la esparcirás a tu alrededor, provocando que con quienes convives deseen, estar a tu lado.

Cuando somos agradecidos, desarrollamos una tendencia a ver el lado positivo de las cosas y no importa como vengan.

RESPETO

El respeto es un sentimiento positivo que se refiere al aprecio y reconocimiento por una persona a uno mismo. Es uno de los valores fundamentales del ser humano, para lograr una armonía social. Para ello es necesario saber y aprender a valorar al otro, sus intereses, necesidades.

Debe ser mutuo y no significa que tienes que estar de acuerdo en todo con los demás, se trata de no ofender ni discriminar sus opiniones o decisiones. Es mostrar empatía, tolerancia, comprensión mientras no dañen a nadie o a ti mismo.

Una persona respetuosa será digna de valoración y será un patrón de conducta moral a seguir.

HONESTIDAD

Es un valor o cualidad que se relaciona con la verdad, justicia e integridad moral. Una persona honesta busca anteponer la verdad en pensamientos, palabras y acciones. Así, que no sólo tiene que ver con la relación de una persona con los demás, también consigo mismo, de tal forma que esté equilibrado lo que se piensa, siente, dice y actúa.

Ser honesto demanda valor para decirla verdad o actuar de forma correcta. Quien la siembre cosechará en abundancia, abriéndose muchos caminos.

HUMILDAD

La humildad no es sinónimo de pobreza sino de calidad personal. Es importante en la convivencia con los demás. En lo espiritual es base del amor y dedicación a otros. Una persona humilde se distingue por su don de servicio.

Consiste en conocer nuestras debilidades, no presumir de tus cualidades, tus acciones y palabras serán la medida de tu calidad humana.

LEALTAD

La lealtad es fidelidad o devoción, compromiso, confianza a una persona. Donde hay lealtad existen la nobleza, honradez, rectitud, entre otros valores morales y éticos, que permiten desarrollar vínculos sociales y afectivos fuertes. La lealtad es una carta de recomendación muy valiosa.

RESPONSABILIDAD

La responsabilidad es la conciencia de las consecuencias que surgen de lo que hacemos o decimos. También se relaciona con el compromiso de terminar un deber o tarea asignada o personal.

GENEROSIDAD

La generosidad es la actitud de darse a uno mismo o los demás de forma voluntaria, sin esperar nada a cambio. Esto puede implicar brindar tiempo o algo valioso de ti mismo para ayudar a alguien con alguna necesidad.

PERDÓN

El perdón es una liberación del resentimiento de quien te hizo un daño. Es soltar, no significa olvidar, más bien una lección que nos permita fortalecernos para sustituirlo por un sentimiento de paz.

AMISTAD

La amistad es una relación entre dos personas o más que se tienen un afecto mutuo.

Hablamos de amistad cuando existe empatía, respeto, confianza, solidaridad, tolerancia y afecto. Los amigos se apoyan en los momentos difíciles, y comparten también los felices.

CAPITULO 2

TRASFORMANDO MI VIDA

Cada persona tiene una meta en la vida, saber cuál es no siempre resulta sencillo. Pasamos situaciones que nos pueden hacer tambalear en nuestros anhelos, desde nuestra falta de autoestima producto de las vivencias al nacer en una familia disfuncional, de nuestra propia actitud, miedos, inseguridades, condiciones adversas del contexto donde nos encontramos y un sin fin de ellas. Incluso tocar fondo puede ser el impulso para cambiarlo todo.

La decisión es personal y requiere de esfuerzo, trabajo a pesar de todos los obstáculos.

TEMA 1

CONOCIENDO AL OTRO

Durante la etapa escolar es muy normal que dos jóvenes de sexo opuesto se atraigan por simpatía y establezcan una relación amorosa, otros por impulso tratan de formar una vida conyugal, decisión que puede ser un obstáculo para concluir sus estudios, más si es tomada intempestivamente.

La experiencia nos dice que la mayoría decide unirse sin descubrir quiénes son cada uno, actúan motivados por sus emociones, impulsos o atracción física. El joven que tome conciencia de esta situación podrá a darse cuenta que lo primero será concluir sus estudios, antes de formalizar una relación. La vida conyugal no es fácil.

Tomar decisiones al vapor, detiene los sueños de cualquier joven, pues el matrimonio requiere de trabajo, apoyo mutuo, responsabilidad y compromiso, más si se debe hacer cargo de los hijos, pues muchas de esas relaciones vienen acompañadas de embarazos no deseados y uniones obviamente no planeadas.

La problemática se enfoca en la falta de tiempo para conocer al otro, sus valores, fortalezas o sus debilidades.

Cualquier conducta o antivalor que el otro oculte en lo más profundo de su ser, perturbará esa unión.

La vida de los jóvenes cambia drásticamente ante estas decisiones impulsivas. Más, si a quien tenemos a nuestro lado pueda convertirse incluso, en nuestro peor enemigo.

La intención de mis palabras, es que reflexiones acerca de la importancia de vivir plenamente cada etapa de tu vida con responsabilidad y que estés alerta a las posibles caretas de las personas a tu alrededor.

La realidad es que, en el noviazgo, como lo mencioné en mi libro **"Unidos para toda la vida",** muchos mostramos lo mejor de cada uno, cubriendo nuestro verdadero yo, con la finalidad de causar una buena impresión.

Este camuflaje es un acto desleal, engañamos al otro sin tomar en cuenta la desilusión que le provocaremos. Y si a esto agregamos los problemas por diferencias entre ambos no resueltos, las dificultades económicas, lo más seguro es que la relación se irá deteriorando paulatinamente, trayendo como consecuencia una separación o divorcio.

Una frase en la biblia nos menciona que: *"Cada árbol se conoce por su fruto"* entonces a cada uno se le reconoce por sus acciones.

Puede ser que cuando conozcas a una persona te impacte o tengan una empatía inmediata, pero conocerla es algo más profundo, si nos diéramos ese tiempo, se evitarían muchas desilusiones y disgustos. Bajarían las tazas de divorcios, violencia doméstica, madres solteras.

Elegir un compañero de vida va más allá de la apariencia física.

A continuación, te daré unas recomendaciones de cómo identificar a este tipo de personas antes de que tomes la decisión de estar a su lado. Recuerda que son personas que buscan una posible víctima, que no debes ser tú.

Conocer a una persona implica analizar tres aspectos: Comunicación verbal, apariencia personal, reflejo personal.

Comunicación verbal

Cuando entablamos una conversación con otra persona, siempre se presentará la oportunidad de opinar sobre ciertos temas que muestran su forma de ver la vida, podemos cuestionarles sobre qué decisión tomarían, lo que nos dará un parámetro sobre su ideología.

Debemos estar sumamente atentos a sus palabras y acciones, que pueden ser positivas o negativas. Tarde o temprano todo se descubre y que mejor que sea antes de tomar cualquier decisión.

Apariencia física

La apariencia física es lo que ven y perciben los demás de nosotros. Aceptarte cómo eres te brinda seguridad al relacionarte, al expresarte y actuar.

Quienes sienten confianza en su apariencia física, disfrutan lo que realizan, se desenvuelven sin dificultad con otros, lo que refuerza su autoestima.

De lo contario son retraídos, inseguros, inestables emocionalmente.

Quien camine firme con la cabeza en alto transmitirá seguridad, inseguridad quien tenga una postura encorvada con los brazos caídos.

Conforme vamos creciendo usamos una vestimenta de acuerdo a la moda, clima, cultura, posibilidad económica o preferencia, en este sentido algunos chicos la utilizan como un modo de expresión incluso de rebeldía.

Si su corte de cabello o peinado es extravagante, podemos pensar que es un pandillero, aunque no lo sea.

Otros se tatúan el cuerpo, se realizan perforaciones y no siempre suelen ser lo más atractivo para la generalidad, de hecho puede ser un elemento en contra para obtener un trabajo, pues de esa forma transmite rudeza. Cada persona refleja su interior.

Cuidado personal

No se refiere solamente a estar bien arreglados, el aseo es básico, la limpieza o el orden no son privativos de algún estrato social.

Una habitación, por ejemplo: desaseada, con la ropa por todos lados, nos estaría comunicando un desorden emocional, el acumulamiento apegos, etc. El entorno nos mostrará el interior de cada persona. La falta de orden refleja la ausencia de él en nuestra vida.

Comunicación

La comunicación es indispensable para establecer relaciones interpersonales. Se consideran sanas cuando se dan dentro de un marco de respeto, tolerancia, honestidad, afecto.

Tal vez habrás escuchado el caso de matrimonios jóvenes que se han separado a poco tiempo de estar unidos. La causa fue no conocerse más que a través de las apariencias.

El machismo es un tipo de conducta prepotente contra el género femenino. Son prácticas y comportamientos ofensivos que pretenden minimizar, agredir física, psicológica, sexual, verbalmente a la mujer. No es una condición que tenga que ver con lo económico o preparación profesional, más bien con un estilo de crianza heredado. Se lastima no solo a la mujer, también a los hijos. El hombre es quien decide y tiene la razón en todo.

Las hijas en una familia machista

El trato puede ser similar o más severo del que recibe la esposa. No tienen derechos, son consideradas como objetos o asistentes domésticas a los ojos del varón, sea el padre o hermanos. Se les priva de sus derechos, carecen de afecto.

Las adolescentes abandonan sus hogares a consecuencia del trato indigno recibido. La situación les hace tomar decisiones drásticas e irse con un cualquiera, con quien seguramente repetirán patrones similares.

Trato a los hijos varones

Al varón se le enseña que debe ser tratado con todas las atenciones, a que nunca deben de llorar porque los verdaderos hombres no lo hacen. Que están por encima de una mujer. Lo anterior constituye lo negativo.

Lo positivo que ha dejado el machismo, es que ha favorecido la defensa de derechos de la mujer y que alcen su voz contra las injusticias sufridas

TEMA 3

VALORES FEMENINOS

Las mujeres han sido fundamentales a través de la historia de la humanidad. Pero como lo he mencionado, cada ser humano es valioso y debe luchar para que sus derechos no sean violentados.

Los valores que en su mayoría caracterizan a la mujer son: la responsabilidad, honestidad, compromiso, respeto, empatía.

Te muestro 3 pasos de cómo una mujer conserva sus valores:

1 IMAGEN PERSONAL

2 IMAGEN VERBAL

3 ACTITUD

IMAGEN PERSONAL

Tu imagen es tu tarjeta de presentación, acompañada con tus modales y valores. Frases populares como: "La primera impresión es la que cuenta", "Nunca tienes una segunda oportunidad para causar una buena impresión" o "Te reciben según cómo te presentes y te despiden según te comportes" son formas mencionan la manera en que nos proyectamos la primera vez que tenemos contacto con alguna persona.

IMAGEN VERBAL

En las relaciones interpersonales, la comunicación es fundamental, a través de las palabras construyes o destruyes tu imagen o las de los demás.

Una de las peores acciones contra de una persona es hablar de ella sin que esté presente para defenderse. Hablamos sin tomar consciencia de la responsabilidad que esto implica. Esa manera de expresarse no corresponde a una persona preocupada por su crecimiento interior.

ACTITUD

Una persona con una buena actitud de inmediato es captada por los demás. La gente desea estar con una persona positiva, respetuosa.

Una actitud negativa provoca un alejamiento. Este tipo de personas son producto de familias disfuncionales, con problemas económicos, emocionales, de salud. Pero habiendo leído mi mensaje, sabes perfectamente que todo podrás solucionarlo a través de tu trabajo interior. Busca ver siempre el lado positivo de todo conflicto o dificultad.

Hazte adicto a leer libros motivacionales que te inspiren a encontrar al gigante que eres.

TEMA 4

LA SEPARACIÓN EN LA PAREJA Y LOS HIJOS

Cuando se inicia una relación matrimonial, el deseo es que esta perdure, sin embargo, no todo siempre es como esperamos. Pueden ir apareciendo fricciones que de no atenderlas se van convirtiendo en diferencias irreconciliables que traen como consecuencia una ruptura definitiva en la pareja.

La toma de decisiones impulsivas, la falta de cuidado en la relación, la violencia, la falta de equidad, la situación económica, entre otras circunstancias, irá creando un camino hacia el fracaso matrimonial.

Una separación es inevitable si las circunstancias que le rodean ponen en peligro emocional, físicamente a los miembros de la familia. Es decir, cuando hay de por medio violencia intrafamiliar, las heridas son dolorosas y las secuelas emocionales no podemos dimensionarlas. En estos casos se requiere de apoyo para ser sanadas paulatinamente.

No solo la pareja sufre, cuando existen hijos de por medio, son ellos también quienes enfrentan la realidad de saber que su familia ha quedado rota. Que todo lo venidero estará acompañado de incertidumbre e incluso temor.

A continuación comparto la experiencia de una jovencita que precisamente ha pasado por esta lamentable situación, pero que finalmente día a día lucha por salir adelante, tomando las adversidades como impulso positivo para lograr sus metas. Que su testimonio sirva para que puedan darse cuenta que toda obscuridad lleva al final a un camino de luz.

- *"En el instante en que mis padres se divorciaron, la vida cambio completamente para mis dos hermanas menores y para mí, que tenía en ese tiempo14 años, hoy tengo 20.*

Al enterarme de su decisión contrario a lo que pudiera pensarse, sentí un gran alivio, pues mi padre es una persona sumamente violenta. Vivía en una constante incertidumbre cada vez que regresaba a casa, pues temía lo que pudiera pasar. Los gritos y los golpes eran continuos, nuestro temor no cesaba.

Mi padre trataba de convencer a mi madre de continuar juntos y al no lograrlo, le hería con lo que más le dolía: nosotras.

Él decide retirarnos todo apoyo económico y darnos de baja de la escuela privada donde estábamos inscritas. Fue un golpe muy duro porque ahí estaban nuestros amigos, maestros, con los cuales habíamos compartido grandes momentos desde pequeñas. Todo alrededor empezaba a derrumbarse.

Mis padres teniendo la custodia compartida pueden convivir con nosotros sin restricciones. Nosotras vivimos con mamá. Mi padre en su caso, ha decidido visitarnos únicamente una vez a la semana.

Al estar con él y sus amistades lamentablemente, recibíamos otro golpe: Nos presentaba con sus amistades como sus sobrinas. Siempre se había comportado como un hombre soltero, mostrando el mínimo interés por su familia, ahora ya no tenía límites.

A manera de presionar económicamente, escaseó el dinero. Comíamos lo que se podía. Además, como suele pasar, las dificultades venían acompañadas de otras. El lugar donde vivíamos en ese momento se convirtió en un lugar inseguro y nos mudamos. Estuve tan deprimida que no pude aprobar mi examen de selección a preparatoria. Eso afecto más mi condición. Desesperada solicite ayuda a mi padre sin obtener respuesta.

Dada la situación, mi madre buscó alternativas laborales para que continuara mis estudios, y asistí a una escuela privada.

Aunque con limitaciones, vivimos tranquilas y seguras. Estas situaciones nos han permitido madurar, ser más fuertes, valorar lo que tenemos y sobre todo en mi caso, tener cuidado con los chicos con quienes convivo. Puedo asegurar que no elegiría a alguien como mi padre para iniciar un noviazgo. La relación entre nosotros no es armónica, pues tiendo a decir lo que no me parece justo, que toma como agresión. A la fecha no ha comprendido que sus actos tienen una consecuencia afectiva.

TEMA 5

EL MURO EMOCIONAL

Cuando escribía este libro busque el testimonio de una jovencita proveniente de un matrimonio que lamentablemente vivió un divorcio. Mi intención es mostrarles el sufrimiento de hijos víctimas de esa ruptura, y testificar las consecuencias de una unión, donde el esposo carente de valores y tendencias machistas trata a su esposa como un objeto.

Su experiencia nos expresa, cómo la fuerza de voluntad puede impulsarnos a seguir adelante. No todos a quienes les toca vivir este infortunio, pueden encarar positivamente estas adversidades, o contar con el apoyo de una madre que, siendo el único sostén de la familia, le inspire a enfrentar la vida y sea ejemplo de que no gana el que llega primero, sino aquel que vuelve a levantarse de cada caída.

Hoy en día una gran cantidad de jóvenes pueden verse reflejados en esta situación, incluso tú quien lees estas páginas puedes estarlo padeciendo. Con base a lo vivido por esta jovencita, analicemos cómo logro llegar a ese crecimiento personal.

Desde el inicio de la programación del ser humano se va formando el camino con los señalamientos que indican cómo llegar al éxito o también las barreras o muros que impedirán el paso para llegar a él.

He escuchado a algunos padres preguntarse qué camino tomarán sus hijos. La verdad es que cada ser humano según sea su entorno, estilo de crianza de los padres, experiencias desde su niñez hasta su vida adulta, su mente los irá guiando hacia el éxito o fracaso, porque existe ya una programación en su mente, incluso desde el vientre materno.

Cada individuo se enfrenta a obstáculos o retos, la diferencia es que una persona puede superarlos, no así a quienes se les formó un muro mental que les impide el paso para realizar algo y obtener lo que se merecen. Su autoestima es tan baja que se sienten inferiores o incapaces.

Te explicaré los materiales de los que está construido un muro físico para que comprendas a que me refiero.

Un muro está hecho de estos elementos: ladrillo, cemento y arena. Con estos tres materiales se construye un muro físico el cual impide el paso a un sitio privado, de esa manera un muro mental-emocional se irá edificando, bloqueando la vía a cualquier ámbito exitoso de tu vida.

La mente virgen de un niño en el proceso de crecimiento está al cuidado de sus padres. El trato brindado será fundamental en su programación y en el buen desarrollo mental por dos motivos:

- Lastimar al niño al educarlo con un trato brusco o ignorante.

- Violentando a la madre a los ojos de los hijos de forma continua, que resulta como si los estuviese maltratando directamente.

Un golpe hace un daño físico y sana después, pero el que recibe el alma difícilmente lo hace si el maltrato al niño o madre es constante. Se genera impotencia y el dolor.

En este sentido, cuando existe violencia intrafamiliar y no habiendo otra medida más que la separación, si dieran a escoger a los hijos con quien irse, en estas circunstancias, elegirían seguramente a su mamá por ese vínculo creado desde el vientre y posteriormente por la lactancia.

Relacionemos ahora las siguientes emociones con los materiales para construir un muro:

1. Sentir dolor en la niñez y adolescencia mirando el maltrato a su madre como una rutina representaría el ladrillo.

2. Escuchar múltiples e incontables palabras hirientes sería la arena.

3. El cemento es una amargura inevitable rodeada de impotencia.

Estas emociones igual que los materiales para formar el muro a lo largo de la vida, van logrando una mezcla de sentimientos inevitables como: rencor, coraje, odio, desprecio, que se sufren muchas veces en silencio porque no hay con quien compartirlo, deseando salir corriendo con los brazos extendidos pidiendo ser libre. Así se siente estar atrapado detrás de un muro mental, como resultado de la crianza de un padre machista, patético, prepotente, irrespetuoso y falto de moral.

En este sentido es de vital importancia que las jóvenes estén atentas a las conductas de los varones sobre todo en la etapa escolar, pues ahí se dan a conocer por sus actitudes y comportamientos según van escalando sus grados.

Las mujeres deben identificar a un mal candidato a esposo. Por ejemplo: Si el joven provoca discordia entre algunas chicas debido a sus actitudes galantes, pues teniendo un compromiso serio con alguna de ellas, anda con más de una, no será una buena señal.

Lamentablemente son cuestiones que una mujer enamorada pasa de largo, pues se siente orgullosa de ser ella quien lleve el nombre de novia.

La vida no solo se trata de obtener buenas notas, también se deben tomar decisiones que no afecten a tu persona o a los hijos cuando estos lleguen. Se debe estudiar el futuro conyugal para obtener buenos resultados, que te lleven a una

REFLEXIONES

Cada meta que deseas cumplir, debe ser pensada y trabajar arduamente en ella.

Nunca olvides que eres un ser capaz de llegar a las metas que te has propuesto, las adversidades solo representan una forma de probar tus capacidades y tu fortaleza interior.

Tu análisis interior será entonces la base para transformación de ti, tu entorno y tu pase al éxito y prosperidad.

Toda acción u obra es un reflejo de la calidad personal. Pero desgraciadamente como lo he mencionado, tenemos miedo a ser rechazados y por tanto mentimos para ser aceptados.

Cada persona es dueña de sí misma, pero depende de cuánto esfuerzo, disciplina, conocimiento, dedicación dedique en su crecimiento interior, el cual se reflejará en riqueza, pobreza o sufrimiento en su futuro.

Si apuestas a tu crecimiento interno, pide más información por escrito o asiste a mis seminarios y conferencias juveniles. Para mí sería un doble honor darte un abrazo de felicitación por tomar la decisión de enfrentar los ataques que reciben los jóvenes en su diario vivir.

Me despido deseándote lo mejor, esperando haberte guiado en tu camino y encontrarnos en la próxima edición.

CITAS
ESCRITURALES

Las citas Bíblicas fueron tomadas de los antiguos rollos originales de Las Sagradas Escrituras. PALABRA DE HASHEM.

Mateo   7:7-8
Deuteronomio   22: 5